MARIELA GRIFFOR

Ma demeure brûle

Traduit de l'anglais par Guy Jean

ÉDITIONS D'ART LE SABORD

ÉDITEUR : Denis Charland
TRADUCTEUR : Guy Jean
DIRECTION LITTÉRAIRE : Geneviève Désilets
RÉVISION ET CORRECTION : Geneviève Désilets
COUVERTURE : Rafael Gil, *Antropofagia* (détail), 2002, lithographie, 68 x 100 cm
CONCEPTION GRAPHIQUE : D communication graphique

LES ÉDITIONS D'ART LE SABORD
167, rue Laviolette, C.P. 1925, Trois-Rivières (Québec) Canada, G9A 5M6
Téléphone : (819) 375-6223   Télécopieur : (819) 375-9359
www.lesabord.qc.ca   art@lesabord.qc.ca

Distribution au Canada / Diffusion Dimedia inc.
539, boulevard Lebeau, Saint-Laurent (Québec) Canada, H4N 1S2
Téléphone : (514) 336-3941
general@dimedia.qc.ca

Distribution en France / D.N.M. (Librairie du Québec à Paris)
30, rue Gay Lussac, Paris, 75005
Téléphone : 1 43 54 49 02   Télécopieur : 1 43 54 39 15
direction@librairieduquebec.fr

Dépôt légal 2012
Bibliothèque et Archives nationales du Québec
Bibliothèque et Archives Canada
2ᵉ trimestre

Catalogage avant publication de Bibliothèque et Archives nationales du Québec et Bibliothèque et Archives Canada

Griffor, Mariela, 1961-
    Ma demeure brûle
    (Collection Rectoverso)
    Poèmes.
    Traduction de : *House*.
    ISBN 978-2-922685-94-7
    I. Jean, Guy, 1935- . II. Titre. III. Collection : Collection Rectoverso.

PS3607.R53H6814 2012   811'.6   C2012-940725-9
PS3607.R53H6814 2012

Tous droits de traduction, de reproduction et d'adaptation réservés pour tous pays.
Traduction française © Guy Jean, 2012
Texte original anglais © Mariela Griffor, 2007
© Éditions d'art Le Sabord
L'édition originale, sous le titre *House*, a été publiée en 2007 par Mayapple Press.

Nous remercions le Conseil des Arts du Canada et la Société de développement des entreprises culturelles du Québec (SODEC) pour l'aide apportée à nos programmes de publication.

À grand-père « El Tata »

*Ce que nous aimons c'est ta paix, et non ton masque.
Il n'est pas noble ton visage de guerrier.
Tu es belle et spacieuse, Amérique du Nord.*

Pablo Neruda
Que s'éveille le bûcheron
(traduit de l'espagnol par Claude Couffon)

Prologue

Les dieux ne possèdent pas
le don des langues.

Les dieux ne pensent pas.
Ils font et défont.

Les dieux ne parlent pas
la langue des humains.

Un
Ils

Ils cassaient les doigts
de ceux qui refusaient de fusiller les gens
coupaient les mains
de ceux qui chantaient et jouaient de la guitare.

Ils éventraient les parlementaires
afin qu'ils calent rapidement dans l'océan glacé.

Ils ont ouvert cinq chambres de torture
aux quatre coins du pays :
Quiriquina, Tejas Verdes, Republica, Villa Grimaldi, Maison Parral.

Noms devenus aussi familiers que ceux de nos vins.

C'est au nom de Dieu
qu'ils ont fait cela.

De la memoria perdida
acercándose
poco a poco

Poèmes qui se contredisent
D'après le film Nuit et Brouillard *d'Alain Resnais*

1.
Encore des cauchemars, la nuit dernière.
J'ai rêvé d'une tête sans œil droit dans un amas de têtes humaines.
De cadavres dans des fosses, de bottes de soldats.

Un régime de terreur provoque ces horreurs.
Ils ont fait ce qu'ils ont fait à cause du laisser-faire.
(On a déjà entendu cela, n'est-ce pas?)

Mais là n'est pas toute la vérité.

2.
Lorsque deux personnes peuvent commettre le mal
ce qui distingue celle qui choisit de s'abstenir
c'est sa croyance en une vie meilleure.

Que vous ne compreniez pas est à la fois heureux et malheureux.
Heureux : vous pouvez encore rêver la nuit et vous sentir entiers.
Malheureux : vous ne pourrez jamais comprendre les victimes de
telles horreurs.

Somme toute, avec ou sans cauchemars, nous sommes toujours vivants.
Le mal est sans mesure, l'amabilité et la bonté aussi.

On ne peut échapper à son passé.
Surtout pas avec un film et un bol de popcorn, un samedi soir.

media somñolienta
y llena de polvo
viene

Trois
L'un ou l'autre
Pour Pablo Neruda

Grâce à vos odes à la vie que nous connaissons
nous vous voyons
les pieds enfoncés dans le sable
le visage protégé d'un large chapeau
regarder la mer de votre maison à Isla Negra
alors que, la queue dressée, caracolent les chevaux.

Tout a une fin

sauf vous
qui nous avez enseigné qu'il y a plus d'espoir dans une soupe à l'anguille
que dans les promesses illusoires des gouvernements.

Vous qui ne parliez pas à Dieu, mais au peuple
ramenez-moi à Chillán.
Vos poèmes me rappellent
qu'une partie de moi y est encore.

Comme si je ne l'avais jamais quittée.

mi lengua maternal
a traerme
recuerdos gratos

Quatre
Requiem, ou le moment
avant que les dés en soient jetés

Je ne peux croire que tu sois partie.

Avec toi s'est envolé un morceau de ma bonté.
Bonté qui m'était facile en ta présence.

Quand j'entendais tes pas
je me sentais calme, en sécurité.

Alors que tu te battais pour ta vie
je combattais les tyrans.

Claudia, Tante Claudia, limpide comme miroir.
Nous avons été séparées le premier jour du mois d'octobre.

Après ta mort, l'exil était inévitable.
Je ne pouvais souffrir ces réunions sans avenir.

Maintenant, inutile de s'inquiéter.
Le cancer ronge par dedans.

On ne m'a pas appris à éviter la souffrance.
Maintenant que tu es partie, j'ai de toi la meilleure partie :

Ta bonté
envahit mes souvenirs.

Frappe-moi avec force et dis-moi que tu n'es pas morte.
Cinq ans c'est peu, cinq morts c'est trop.

Si je compte un, deux, trois, quatre
les larmes coulent pour t'accueillir

Claudia, Tante Claudia
visage énigmatique de ma jeunesse.

olores violentos
palabras tímidas

Cinq
Neruda dans mon rêve

Je me rappelai de vous lorsque je voulus me souvenir du bonheur.

Anxiété aux yeux et aux mains alors que je tente de mémoriser votre poème.
Je le répète tant de fois et j'oublie à mesure.
Le professeur marque les minutes.

Je tremble en sentant sur moi le jugement de toute la classe
qui trouve déplacée une telle lâcheté.
Je me sens toute petite
mes prières à l'aide s'évanouissent sous les regards.

Demeurée seule
je répète : « *Walking around... Walking around... Walking around... Walking around* de Neruda »

et puis
je disparais.

Note du traducteur : Walking around *est le titre original du poème en espagnol.*

susurros de hombre
en mis oidos
campanas en un mar abierto

Chant pour le Chili

Trop de jours agités
entre les barreaux d'un oubli féroce.

Trop de baisers et de furtives étreintes
qui retournent à leurs tombeaux.

Mots par milliers. Douces mélodies.

Images pleines d'horreur, pleines de fureur.

Mots qui restreignent mon destin, mes rêves, ma folie.

Mots qui portent le sens de notre existence.
Un beau matin, s'envolent comme bulles.

À l'ouest de l'univers s'estompent les couleurs du crépuscule
sombre rouge de la peur, de l'espoir.

Tout, près de moi, loin de moi, tout ce que j'aime
a fui en un lieu minuscule, reculé, où toi
comme par miracle, à l'aube
apparais toutes les cinq secondes.

Je me couvre de toi comme de neige en haute montagne
chemise parfumée
que j'affiche avec fierté.

Je te serre contre moi, te caresse
te cache en un rituel sacré où
tu viendras me délivrer de la douleur
me secourir dans ma désillusion.
Reviens-moi, innocent
comme avant le mal qui nous enveloppe.

Je t'entourerai, te protégerai
te soignerai pendant cinq secondes
à l'aube de chaque jour
t'ornerai de fines couleurs
qui luiront au loin.

Les honneurs qu'on me fera seront à toi
que j'aimerai toujours.

vientos del sur y azucenas
viene mi lengua materna

Chant d'au revoir

Je quitte l'avenir qui m'était destiné.
Les wagons du train m'éloignent de toi dans le chassé-croisé de leurs
blanches jambes.
Je tente de retenir dans mon regard le lent mouvement des peupliers.
Je quitte, doucement, sans reproches, sans nostalgie, sans
l'incommensurable peur
de ne plus te revoir.

Je me drape d'une peau blanche, bleue, rouge
pleine d'images qui te rappellent à moi.
Des côteaux, des montagnes, tout neufs.
Je retiens en mon âme le maigre espoir de te revoir.

J'accrocherai au-dessus de ma porte les souvenirs sacrés
que je traîne dans mon pauvre bagage
que chaque jour je chéris d'un baiser.

Si un jour ton océan lance un cri
c'est que je pense à toi.
Si tes montagnes s'écrasent par le rugissement d'une femme blessée
c'est que dans ma nostalgie assassine
je pense à toi.
Lorsque tes rues prennent couleurs d'automne
en mon exil je m'agite comme forcenée
et ne pense qu'à toi.

Ne m'oublie pas.
Je n'oublie pas.
Je ne renonce pas à toi.

Je monterai à bord de wagons qui auront l'odeur de tes eucalyptus
traverserai les ponts de tes mots exquis
voyagerai sous ton ciel pour retrouver ma jeunesse
cachée sous la suie des lampes.

Même dans ta tristesse
je pense à toi.

Les wagons qui m'emportent furent construits de mains
pleines des chuchotements de paroles anciennes.

C'est comme si je partais pour un monde chtonien.

Je reviendrai pure, fraîche
comme avant les tyrans.

Je ne t'oublie pas
entêtée, j'attends nos retrouvailles.
Le temps passera
et lorsqu'enfin je franchirai ta porte
nous nous fondrons en une longue étreinte.

cargada de nostalgia
como siempre

Huit
Le baiser

J'affectionne avant tout les paysages au coloris d'automne.
Comme aux temps heureux, nous marchons le long du parc Forestal.
Les enfants qui jouent me rappellent notre enfance
chacun attendait l'autre pour jouer.

Tes maux seront guéris
les peines se volatiliseront
la nostalgie se changera en de lents vagabondages
sur la route traversant vallées et monts.
Tes mains seront délestées de leurs chaînes.
Les rivières s'apaiseront en témoins silencieux.

Laisse venir l'automne
et laisse mon souvenir de toi habiter mes rêves.
Reviens sur Terre avec ton sourire
pour ouvrir de tes beaux yeux noirs les désirs inédits.
Chaque nuit dans mon sommeil je t'attends.
Malgré les années ta bouche est toujours de miel.

Nous nous verrons dans le firmament.
La route est longue.
Entre-temps
ne me laisse pas seule.

a dejarme
un paquete de días de lluvia

Neuf
Un soir tranquille d'été

Un soir tranquille d'été
je comptais les étoiles
lorsque je fus surprise
par une silhouette de petite taille
Elena, ma grand-mère.
« Si tu ne cesses d'importuner les étoiles
tes mains se couvriront de verrues », me dit-elle.
Je ne pouvais croire de telles sornettes
et repris le compte de toutes ces beautés
une par une.
Le lendemain, une première démangeaison
sur la main droite et du coup
la peur d'importuner les étoiles.

Trente ans plus tard
je contemple le ciel bleu foncé et
par provocation sans doute
ne peux m'empêcher
de compter lentement jusqu'à cinquante.
Mes intentions sont pures.
Je prie sainte Thérèse, la supplie
de ne pas me punir, ni de m'affliger de verrues.
Je lui promets de regarder le ciel sans compter
sans bruit, pour ne pas importuner là-haut les étoiles
ces beautés qui clignent des yeux.

Trente ans plus tard
une silhouette, Elena, ma grand-mère.

cuerpos calientes
al frente de una chimenea
viene calmada con su pelo de arena

Rappel de l'Ancien Testament

La pureté aux purs.
ANONYME

Au Jugement dernier
craignons la justice divine
nous devrons confesser nos plus intimes secrets.

Blottis les uns contre les autres
comme troupeau d'agnelets
nous cherchons chaleur et réconfort

et afin de purifier nos âmes affolées
nous attendons de communier
à l'hostie et au sang sacrés.

Si nous Vous avons offensé
si nous Vous avons oublié
soyez compatissant, écoutez-nous.

Par vengeance et sans remords, des bandits
ont investi notre village et dans la douleur
assassiné nos corps, nos âmes.

Accordez-nous la paix, la réconciliation.

Vient un temps nouveau pour tendre la main
et accomplir ce que nous savons :
Sans pardon, on ne peut atteindre l'oubli.

Voilà l'enseignement divin.

Protégez ceux qui ont survécu
étendez sur tous Votre bénédiction.
Révélez-nous la vie que porte
notre terre mise à feu et à sang.

Craignant Votre *Colère prochaine*
il est temps pour nous
de réparer les ruptures
de nous tenir nus devant Nous-mêmes.

con su boca de mar
con sus caricias en tinieblas
viene y me canta estos versos

Cela surgit des profondeurs de la Terre
Pour H. I.

La murène, en un languide ondoiement, surgit
des profondeurs souterraines.
Elle se présente avec son goût de miel,
son sourire contagieux, ses soupirs, son haleine parfumée,
la cadence sensuelle de ses hanches.
Devant l'océan méfiant, elle charme le mulâtre.

C'est ici qu'est né l'enfant des murènes,
du sable, du silence radieux,
du ciel des campagnes méridionales,
de San Pedro Victoriano.
Et, sans arrêt, il devra parcourir la Terre.

Sans regret, sans grande surprise
la mulâtre quitte le mulâtre
qui, désenchanté, se demande :
« Comment puis-je retourner auprès d'elle
la rapprocher de moi
guérir les blessures laissées par son départ
car je l'aime tant? »

para aplacar mi tristeza
viene dulce y fuerte
con sílabas que reconozco

Premier asile

Je crois qu'un jour disparaîtra la distance qui me sépare de Dieu.
FRANZ WRIGHT

Je déteste les boulettes suédoises
particulièrement lorsqu'accompagnées de *lingonsylt*.
Mon premier repas au camp de réfugiés.

Halstahammar, enneigée, la route bordée de maisonnettes rouges
comme carte de Noël.
1985, mes cheveux cassaient sous la froidure.

Les boulettes suédoises me rappellent un temps de vie perdue
un temps à la recherche de Dieu, mais en vain.

Toutes mes initiatives ont échoué.
J'ai traversé l'Atlantique pour une première fois.
Un policier blond, aux yeux bleus, m'a demandé :
« Votre appartenance politique? »
Par trois fois, je lui ai dit : « Aucune ».

Alors qu'un autre homme estampillait mon passeport
deux gros dobermans me flairaient de tous côtés.

con sonidos de delicia
con voces de arroyo
viene y le rindo mi homenaje

Treize
Ascension

Je m'adresse à Vous, Dieu, pour une simple raison : la peur.

La peur de Votre horaire chargé.

Dans une main, les carabines
dans l'autre, les pierres.

Leur vengeance, leur avidité pour les biens d'autrui.
Une balle m'atteint en plein cœur et c'est Vous
que j'aperçois.

La peur m'envahit et je tremble.
Je me signe.
Je ne vois plus Votre visage, Vos yeux
je n'entends plus Vos paroles.

Seule cette douleur que je ressens, moi
toute petite sous le firmament bleu
criblé d'étoiles.

como reina en su palacio
le doy mis más
preciados tesoros

Quatorze
Je m'attarde au feu rouge

Ce qui m'habite m'émeut au cerveau, aux entrailles
me fait pleurer.

Ce qui m'habite m'incite à éventrer l'univers
pour voir si les choses peuvent changer
pour voir si toute cette douleur n'est que fétu au vent.

J'ai perdu mon refuge
parmi les mines, les montagnes, les prisons, les lacs, les camps secrets
les rouges océans.

J'ai perdu le lieu de ma naissance.
L'argent ne me sert en rien.
Tu es parti, je demeure
en attente des longs hivers.

J'ai perdu domicile et les refuges en mon pays.
La révolte est mon seul bien.

Encore une fois, je suis sauvée
par le feu vert.

frases de lamentos
carcajadas frescas
ramilletes de violetas

Quinze
Prospective

Je m'efforce d'oublier
que je viens d'une autre Amérique.
La masochiste en moi retourne vers ses origines perdues
comme tornade
passion que je feins d'oublier et qui plonge dans l'ombre.

Demeure la féerie d'une Lune à peine installée.
Cet amour dont nous sommes malades
persistera jusqu'à la fin de nos jours.
Le même jour, la vie commence et se termine.
Sans partage, elle n'est qu'utopie.
Le mensonge écrase tout, l'ordre des choses a changé.
Les principes, charbons ardents devenus cendre
dans un feu à ciel ouvert.
La défense obstinée de la vie a perdu toute valeur.
Il n'est plus absurde de vivre sans vie.

Le jaune et le noir recouvrent les volcans
chacun unique lorsqu'en éruption.
Sur le chemin de l'enfer, l'un après l'autre
les ponts des mots se sont écrasés.
Même le pape nie l'existence des limbes.
Les pauvres s'entretuent, la pauvreté perdure.

Nous sommes exténués.
Aucun arbre pour nous abriter.
Le sang sèche dans les marais, inonde la nation.
Tout a changé avec le temps
nous sommes d'une autre génération
d'une autre Amérique.
Accueillis ou non au Nord
nous rejoindrons les âmes anciennes.

compradas en Huérfanos
el aire marino
la arena negra de San Pedro

Quitte, si tu es triste

Parfois, je ne peux expliquer pourquoi
j'ai, une première fois, quitté le Chili.

Je dirais
j'avais besoin d'une pause, de commencer à neuf
d'oublier les rendez-vous au cinéma Normandie avec Simon et l'obligation
de jouer au couple, de mémoriser, chaque mois, les nouveaux noms de code.
J'en avais assez de Santiago, des allergies chroniques.
Il m'était difficile de maintenir ma santé.

Je suis partie au loin.
Le Brésil était dangereux, à sa façon.

Arrivée à Rio, la vie a complètement changé.
Rien de plus comme avant, j'en étais presque soulagée.

Je me suis empêchée de céder aussitôt à la tristesse.
Me suis surprise moi-même.

el robusto silbido del viento
el color rojo oscuro
de los atardeceres en Santiago

Dix-sept
Pour Fabiola

L'autre nuit, j'ai pensé à toi.
Malgré la pollution et le froid, dans la rue
les gens partaient dans des directions inconnues.
Les odeurs de cuisine m'ont rappelé le restaurant chinois
au coin de *Brasil* et *Campania*
où nous réussissions, malgré nos maigres moyens d'étudiants
à satisfaire nos estomacs affamés.

La vie a changé
parfois pour le mieux, parfois pour le pire
comme toutes vies.

Quand et comment des femmes comme toi trouvent-elles leurs hommes?
Avec une envie muette, je constatais ta patience.
Je savais que tu l'attendrais.
Pour combien de temps? Une année? Plusieurs?
Pourrais-tu demeurer dans cette attente continuelle?
Tenir en ce vide?
Lorsque je pense à toi
il m'est difficile de te comparer aux autres femmes que je connais.

Elles se sont mariées à l'église, leurs papiers en règle.
Toi, la maîtresse d'un homme.
Elles ne voient que le sang de leurs menstruations.
Toi, c'est chaque fois qu'un camarade est abattu.
Même que, lorsqu'une balle a traversé tes bottes noires en cuir d'agneau
tu n'as rien senti pendant des heures
la charge d'adrénaline était trop forte, m'as-tu confié.
Comment une femme comme toi peut-elle retourner à la vie de banlieue
et s'entretenir avec les autres de portes vitrées?

Le suicide devient alors l'alternative.
Non pas que la lutte te manque
mais en raison des ridicules portes vitrées.
Qu'en dis-tu?

Je pense à toi et me demande qui t'a appris
à ne pas craindre le Général, les uniformes, les barrières
les blindés, le couvre-feu, l'Uzi étincelant des soldats.
Comment une fille toute menue en cette ville surréaliste a pu croire
qu'elle pouvait changer le monde?

Je me souviens encore de tes paroles :
« Général, vos commandements meurent chaque jour
et ma conviction s'amplifie comme un chant de Victor Jara.
On verra bien qui gagnera!
Je vous attaquerai chaque fois que pissera un de vos soldats. »
Le rire des autres faisait partie de la chanson.
C'est difficile de vivre à ta hauteur.

La vie de banlieue est bâtarde
chargée de tâches, alternance boulimie-jeûne
cycle singulier de mortification de la chair.
Il est facile de se perdre
sans toi pour me garder dans le droit chemin.
Oserais-je afficher ta photo sur mon piano et
à ceux qui s'enquièrent, révéler celle que tu étais
celle que tu es maintenant?
Pourrais-je leur avouer que tu as été la seule femme
désignée pour assassiner le Général?
Aucune autre n'a eu cet honneur.
Ou encore, que tu as attendu cinq ans ton amoureux
entièrement fidèle à son âme, à son corps?
Pourraient-ils comprendre ce que signifie « fidèle »?

palabras de amor
dichas en voz muy baja
y de nuevo el sonido del mar

Poème sans numéro
Ma demeure

En cette demeure
tapissée de mon insomnie
j'épanche les maux d'un laborieux périple
et me reviennent en mémoire
une barricade, une bombe artisanale faite de mes mains
l'image de mon amant — son corps disparaît dans les airs
et dans ma tête, le salut est une arme semi-automatique.

À vous tous, je demande pardon.
La pluie est trop fine pour retenir le feu.

Mes jambes et mes bras sont lourds.
Je ne peux me défaire de la douleur ancestrale.
Derrière moi, Santiago brûle
et les balles sifflent à la vue de ce que nous étions.
Un cœur répandu dans les rues colle à ma défaite.

Je pense à lui
à ma maison en feu
à mon père à genoux qui sollicite un miracle
alors que la pluie disparaît devant moi.

en la Isla Quiriquina
el sumbido de las caracolas
anterior a llegada de los soldados

Dix-huit
Les années en mariage

Espèce de salaud!
Tu t'es encore une fois
glissé dans les yeux de ton enfant
pour attirer ma pitié.

Mon cœur est las des réminiscences
des lèvres amères.

Je maudis ta méfiance qui m'a volé
toute couleur.

De mon exil, c'est ton absence
que je convoquerai.
Je rêve de silence
pour me soustraire à ta folie.

el sonido de una isla
sin camaras de tortura y el joven y atractivo Capitán
enamorando a mi prima

Dix-neuf
Le Webster

Il s'agit d'un flirt.

Pas facile. Aspirée dans une maudite spirale
j'ai voulu faire sa conquête.

Nous étions si différents.
Mes rêves, codés en sons et syllabes d'église
les siens, bruits venus du purgatoire et de l'enfer.

Pourtant, nous avions de l'affection l'un pour l'autre.

Je ne me souviens pas du début.
J'étais en fin de secondaire et mon prof d'anglais avait traduit
pour moi seule
toutes les chansons de Frank Sinatra.

Un jeune Allemand m'a initiée aux chansons d'Holly Cole.
Il ne parlait pas l'espagnol; moi, l'allemand.
Ce soir-là, il m'a embrassée
et même si on me l'avait dit auparavant
j'ai entendu pour la première fois
I love you.

el primer beso de la secundaria
en las orillas del Río Mapocho
el frente del parque Forestal

Mari

Ensemble, comme avant
côte à côte, au milieu du lit
chaque jour, conscients de ce que nous nous sommes infligé
faisant le test de moyens pour recommencer à neuf
encore et encore.

La tendresse, parfois, nous vient en aide.
Obéissante, j'emprunte avec lui les sentiers frivoles des sens et
avant de m'endormir, lui demande tout bonnement :
« Ça t'arrive pas d'en avoir assez d'être un rêveur?

— Non, jamais. Maintenant, tais-toi et laisse-moi dormir. »

viene esta lengua gigante
y me arrebata el cuerpo,
me submerge en un sonido

Vingt et un
Guerre et paix

Première femme : « Pauvres filles, leurs pères ont subitement monté au ciel. »

Deuxième femme : « Choisis ton homme et ne le laisse pas partir en guerre. »

Troisième femme : « Combien longtemps les femmes doivent-elles attendre pour que s'accomplissent les rêves de leurs pères ? »

de catástrofes humanas
me arrebata el corazón
con un cuchillo sangriento

Vingt-deux
Le psychiatre

Si je me souviens bien
avant la naissance du bébé
j'étais incapable de pleurer.

Ils voulaient le tuer.

J'ai alors compris pourquoi Manuel Fernandez me gardait à l'hôpital.
Il attendait le choc émotionnel.
Jamais je ne lui ai parlé du groupe, des noms, de tout ce que je
savais.
Je ne pouvais lui faire confiance.

Il avait raison.
La dépression post-partum a gagné la guerre.
Malgré le souci de protéger mon enfant, j'ai sombré.
Je ne pouvais même pas le nourrir de mon lait.

« Syndrome de stress post-traumatique.
Tu souffres de stress post-traumatique »
m'a-t-il dit avant que je l'abatte

comme toutes ces voix dans ma tête.

Note du traducteur : Le poème n° 22 du recueil original a été remplacé par le poème The Psychiatrist, *publié dans la revue* Passages North, *vol. 33, hiver 2012.*

lo destroza para
privarme de sus palabras
de sus sintaxis de contradicciones

Vingt-trois
Hyperemesis

Ils sont tous morts.
Il n'y a pas de cimetières pour eux.
Ni de funérailles.

La vérité
on a fait ce qu'on a pu.

J'entends encore clairement les cris
ils m'éveillent la nuit.
Le jour, j'imagine une silhouette
qui court dans la maison
joue avec ses sœurs
appelle au secours.

Le médecin, froid comme les glaçons du whisky que je bois.

La neige a couvert les cicatrices rougeâtres
et le printemps est venu avec ses bourgeons et ses jours ensoleillés.

Dans notre moitié du lit, nous les avons pleurés.

de su estilística soberana
vestida de ropas coloniales
salidas de cambios violentos

Vingt-quatre
Équilibre

Enfant, je croyais en un monde beau et bienveillant.

J'ai grandi en ce pays dans la naïveté
à l'écart de mon propre peuple, de ses craintes.
La vie était juste, remplie de promesses.
Dieu était parmi nous.

Et maintenant, de croire qu'une force suprême maintient l'équilibre
ce serait être en guerre avec moi-même.

de inquisiciones de alma,
no sólo de ideas viene esta lengua arropada
sino también de olores y caricias embrionarias

Vingt-cinq
Pour R. G.

Une langue acérée te protège de nous.

Tu avances, les poignards amis encore plantés
dans ton dos, tes mains, ton front, tes orteils.

Le grognement d'une bête
l'immense vide laissé par la forêt abattue

ne restent que les murs de fer
qui encerclent nos corps
protègent les âmes-papillons.

viene esta lengua majestuosa
y me convierte en una araña
que se cae de su tela

Vingt-six
Mathématiques pures

Je te vois dans ton chandail Marlboro vert
acheté à Stockholm l'hiver dernier.
Dernière visite à cette ville froide.
Derrière toi, le tableau noir rempli d'algorithmes
les chaises vides de la classe, autrefois occupées
par de jeunes gens en quête d'eux-mêmes
dans les nombres.

Tu me souris et l'effort marque le coin de ta lèvre
la feuille de papier tremble entre tes doigts.
Je vois tout.
Si je pouvais, j'arrêterais le temps
pour t'éviter cette réalité
que t'impose ma curiosité.

Je te donne mon cœur
sans les rubans noirs qui me rapetissent.
Je te donne de moi le pire, les restes.

Ne t'en fais pas
trouve la solution à ton problème
et une tendre parole pour moi.
Fouille les nombres inconnus pour y trouver
toi et moi.

me convierte en una hormiga sin monte
en un copihue sin Sur
en una sequia sin agua

Vingt-sept
Souvenirs

Pars-tu avec, aux lèvres, de tristes murmures?
N'emporte pas ton silence et ta paresse du dimanche
lève les yeux et enfonce-les dans mon cerveau
que je les garde pour toujours.

Laisse-moi les traces des chemins poussiéreux que tu as parcourus.
Cette image de tes pas lourds
me rappelle que je ne suis pas seule
à dessiner le sable de mes pleurs.

Dans la nuit froide, dans l'anse d'un port oublié
ta silhouette timide m'apparaît.
Tes mains blanches touchent mes rives
les vents nocturnes remuent les arbres
peuplés de hiboux qui pleurent tes allées et venues.

Né dans un port de mer, ta vie
n'est que départs et adieux
n'est que baisers et caresses en sursis
une vie au rythme des grandes marées.

Aux corps séparés, la fièvre est pierre au repos
joie secrète comme sève vivante.
En un moment tout brûle, eau, ciel.
Les hommes seuls trouvent enfin sur terre
leur place parmi les autres.

Homme désiré, jamais oublié
toi qui refuses de céder à l'oubli
pose tes valises, accroche ton chapeau
derrière ma porte blessée d'une attente éternelle.

Prends mes mains et
comme pendant toutes ces années diffuses
sens ton visage lumineux, intouché
épargné par l'amnésie.

Reprends le temps perdu entre les pays
sans nom, sans langue
ni sons traversés de douleur
aux maisons dénudées, mains froides
baisers arides, bouches amères de cimetière.

Viens, sens à quel point mon cœur, après ce long silence
cherche à te dire que je suis à toi, seul.

y trepo los peldanos
del recuerdo
y de nuevo las palabras cargadas de sentido

Vingt-huit
Les détails

J'ai oublié les numéros de téléphone, le nom des rues, des arbres, et même le nom des jouets de mon enfance.

Je ne sais ni comment ni quand se sont apaisées en moi
la colère, la tristesse, les frustrations.
Elles s'accumulaient sans cesse dans mon corps.
Heureusement, le corps ne retient pas les choses inutiles.

Restent, par magie, la douce nostalgie, l'amour, la passion.
Le Mal m'accablait tant
que pour survivre à l'exil
j'ai oublié.

Le Bien, je ne pouvais oublier
ni effacer de mon esprit les images du Chili méridional
les personnes et les lieux que j'affectionne.

Se rappeler les bons côtés
n'est-ce pas le meilleur pari pour un réfugié?

Porter comme broche à la poitrine
les qualités de la nation chilienne.

me devuelven
la vida misma
atazcada en sonidos extranjeros

Vingt-neuf
Les rubans jaunes

Je n'ai pas apprécié le spectacle littéraire
à la gloire du jeune soldat.

Je n'ai guère apprécié les mortiers
ou la bravade de mourir sans peur, au combat.
Jamais je ne me suis soumise
aux ombres du passé
aux ombres du futur
alors que le présent chantait aux fenêtres
déboulait des lèvres en morceaux épars
alors que tout s'apprêtait à naître
dans la clameur d'une poésie nouvelle.

Nous portons en nous
incrusté dans la toile d'araignée de nos rêves
ce qui possède quelque valeur.
Mais comment chanter sans voix
la gorge nouée?

De dire : « Oui! Le temps est arrivé! » ne suffit pas.
La force de tous, réunis, n'y est pas.

Je déteste ce sentiment de peur
sentiment de perdre tout ce qui était mien
tout ce qui fut gagné par sacrifice et labeur.

Tous disent que la route est longue, froide
et j'ai la chair de poule
à voir s'écouler comme eau en montagne
ce qui était simple et pur.

Ma peau s'imprègne d'espoir à la pensée du chemin parcouru
et des leçons apprises de sources insoupçonnées.
Je porte encore le reflet du soleil matinal.

el lenguaje casi muerto
me revive y me envuelve
en su manto de sol y sombra
de agua y hielo y asi

Trente
Au bon moment

Pour José Miguel Cruz

La veille de ton appel, j'ai rêvé à l'océan
froid, dangereux, profond, obscur
bleu à l'aube et au crépuscule.

J'ai pris une grande respiration
abandonné mon corps ici au Nord
pour me retrouver dans l'hémisphère Sud.

Je suis tombée dans les bras de mes tantes et sœurs.
Elles préparaient le repas du dimanche, si abondant
avec les galettes de maïs, la salade aux tomates
les oignons et les haricots verts avec feuilles de coriandre
un mille-feuille et un porto Santa Rita.

J'ai vu mes neveux et nièces rire
d'une joie millénaire.

Le goût amer, la texture à la fois crémeuse et sableuse
de l'huître arrosée de citron
m'ont rappelé un lieu pour lequel je donnerais ma vie.

J'ai senti une faille dans mon destin
moi qui avais cru que le travail était de soi insuffisant
comme si la vie de ces gens était inutile.

Il m'apparaît évident
que des combats comme celui-ci sont gagnés
longtemps avant de les avoir menés.
Mais où, exactement?

Au repas du dimanche?
Sur un chemin sombre et isolé qui recèle la subversion?
Dans la bonté que nous convoquons en agitant
l'anarchie au fond de nous?

Merci de ton appel.

me convierte en ese Yo de siempre
y me subyugo como esclava
bajo su dominio
enamorada
per secula seculorum.

Conclusion

La vie commence lorsque
nous remplaçons ce qui est mort.
Une simple régénération des cellules.

Cheveux de sable

Du fond des souvenirs perdus
somnolente
couverte de poussière
elle vient
se rapproche petit à petit
elle vient ma langue mère
et m'apporte
souvenirs heureux
odeurs vives
paroles timides
murmures d'homme à mes oreilles
volées de cloches en haute mer
vents du Sud et lys blancs
elle vient ma langue mère
alourdie de nostalgie
comme toujours
et me laisse
une série de jours de pluie
à chauffer nos membres devant l'âtre
elle vient
apaisée
avec cheveux de sable
lèvres océanes
caresses de nuit
elle vient
me chante ses vers
apaise ma tristesse
à la fois douce et forte
elle vient
avec ses syllabes
voix comme ruisseau
concert délicieux
elle vient
et je m'incline
en hommage

comme pour reine en son palais
je lui offre mes plus précieux trésors
lamentations
rires perlés
violettes achetées à Huérfanos
air frais de l'Océan
sable noir de San Pedro
sifflement vivace du vent
rouge sombre du crépuscule à Santiago
murmure des mots d'amour
et encore
le son de l'Océan sur l'île Quiriquina
la rumeur d'un coquillage
avant l'arrivée des soldats
les sons d'une île
sans les chambres de torture
sans le beau capitaine s'avançant vers mon cousin
je lui offre
mon premier baiser à l'école secondaire
sur le bord de la rivière Mapocho
en face du parc Forestal
elle vient la langue géante
et m'emporte
m'envahit de sons
de catastrophes humaines
entraîne mon coeur
d'un couteau ensanglanté elle détruit
pour m'interdire
ses mots
ses contradictions syntaxiques
sa stylistique souveraine
de vêtements coloniaux
de changements violents
inquisitions de l'âme
elle ne vient pas cette langue

seulement vêtue d'idées
elle vient
avec senteurs et caresses brutes
majestueuse
elle me change en araignée tombée de sa toile
en fourmi sans fourmilière
en campanule du Chili sans le Sud
en puits sans eau
et je monte les marches des réminiscences
et encore
les mots chargés de sens
me ramènent à la vie
ce langage moribond
captif de sons étrangers
me ravive et me couvre
de sa cape de soleil et d'ombre
d'eau et de glace
et alors
je redeviens moi-même
me soumets comme esclave
en amour
sous sa domination
dans les siècles des siècles.

Achevé d'imprimer par **Lightning Source Inc.** en mai 2012

IMPRIMÉ AUX ÉTATS-UNIS

www.ingramcontent.com/pod-product-compliance
Lightning Source LLC
Chambersburg PA
CBHW031217090426
42736CB00009B/951